일편단시

쌍지매 雙枝梅

도리천 시집

도서출판 경남

경남대표시인선●005

쌍지매
도리천 시집

찍은날 | 2009년 4월 15일
펴낸날 | 2009년 4월 20일

지은이 | 도 리 천
펴낸이 | 오 하 룡
펴낸곳 | 도서출판 경남
631-430 마산시 서성동 66-18
☎(055) 245-8818~8819
FAX(055)223-4343
홈페이지:www.gnbook.com
e-mail:gnbook@empal.com
등록 제2호(1985. 5. 6.)
편집팀 | 오태민 | 심경애 | 구도희

ISBN 978-89-7675-553-7-04810
〔값 10,000원〕

■ 서 문

시집 엮으며

봄 동산에 봄꽃 피듯
내 영토靈土에도 꽃이 폈네

160송이
시꽃 모두
향기 아직 부족했지만

새로 핀 꽃송이같이
알록달록 고왔으면

| 차 | 례 |

제1부

제2부

제3부

제4부

제5부

제6부

제1부

문에서 길에서

문 밖에 길이 있고
길 위에 삶이 있네
희망의 길 성공의 길
행운의 문 서광의 문
우리의 삶은 나날이
문과 길에서 이뤄지네

문

집 문으로 사람이
들어오고 나가고

입 문으로
만복이
들어오고 나가는데

사랑은 가슴 문으로
들어와 머무르네

하늘하늘

나 사후에 하늘 갈 때
하늘하늘 춤추며 가리

하늘에서
환생할 때
하늘하늘 춤추며 오리

다시 또 사람 되면 즐겁게
하늘하늘 춤추며 살리

중국 올림픽

2008년 8월 8일
밤 8시 8분 8초에

중국 수도
베이징에서
징 소리 울리었네

징징징 세계 만방에
평화의 징 울리었네

풍 선

평생 귀히 갖고 있던
풍선이 날아갔네

언젠가는
내 영혼도
풍선처럼 날아갈 텐데

알맹이 없는 빈 껍질만
흙에 묻힐 텐데 그럴 텐데

촛 불

촛불 켜고 공들이면
운수가 좋아지네

지난해엔
유난히
촛불 많이 켰으므로

나라에 길운 돌아와
국민이 복을 받네

솔방울

산길 가면 솔방울이
내 앞에 떨어지네

혼자 가면
외롭다고
외로워 눈물 난다고

각시님 얼굴 보듯이
손에 들고 보며 가라고

벼와 별

벼 익는 밤엔 별빛이
벼에 들어와 박히네

밤 논둑길
걸어가다
별을 보고 벼를 보면

해맑은 별빛이 하나씩
벼에 박혀 쌀이 되네

통일 마라톤

통일 위한 마라톤에
나도 오늘 참가했네

통일로
찻길 따라
임진각 광장까지

마라톤 달림과 같이
통일도 달려왔으면

할미꽃

할머니 무덤가에
할미꽃 피어 있네

저승에서
이승으로
나들이 오셨나 봐

얼굴이 붉고 허리 굽어
힘들게 오셨나 봐

바 람

있는 듯 없는 바람
없는 듯 있는 바람

무슨 일로
오는 걸까
어데로 가는 걸까

가는 듯 또 오는 바람
오는 듯 또 가는 바람

호박꽃

호박꽃은 고향의 꽃
풍년의 꽃 행복의 꽃

황금색
별과 같은
호박꽃 많이 피면

고향에 풍년이 오네
농민 마음 행복하네

달에는

사람이 달에 살까
안 살까 궁금했는데

사람이
달에 산다
확실히 믿어졌네

이따금 퀴즈 대회에서
달인이 나온 걸 보면

솔 씨

솔방울 솔씨들이
바람 타고 날아갔네

민둥산에
훨훨 날아
뿌리 내려 곧게 자라

솔씨는 청솔이 되고
청솔은 청산 되었네

길을 가면

길을 가면 눈에 자주
뭣도 보고 뭣도 보고

길 옆엔
이런저런
뵈는 일 많이 있지만

세상사 오직 오직 오직
보았어도 아니 본 척

시 계

시간이 흘러가면
세월도 따라가네

시분초 셋
바늘 힘이
세상에서 제일 크네

저 작은 시계 바늘이
큰 세월 끌고 가네

인 연

거미줄 같은 인연이
줄줄이 얽혀 있지만

2년도
되지 않아
인연이 끊기기도 하고

2년을 넘어 임종까지
인연이 이어지기도 하네

산골 아이

할머니 등에 업혀
등에서 자란 아이가

지금은
황소 타고
소 등에서 노닐지만

훗날엔 호랑이 타고
비호같이 달리겠네

책 읽으면

책 읽으면 글자들이
눈에 쏙쏙 들어오네

글과 뜻이
눈에 꼭꼭
들어와 박혀 있다가

어두운 나의 앞길을
환하게 밝혀 주네

굴렁쇠

굴렁쇠 잘 굴렸던
산골 학교 그 아이는

수학여행 때
처음으로
기차를 보았었네

동그란 저 기차 바퀴
굴렁쇠로 굴리고 싶었네

봄비 오면

이른 봄에 봄비 오면
새싹이 돋을 텐데

어린이
새싹들도
무럭무럭 자랄 텐데

메마른 내 시 밭에서도
고운 새싹 돋을 텐데

제2부

겨울밤에

사람들은 난방에서
길게 누워 잠자는데
나무들은 냉산에서
선 채로 깨어 있네
한 번도 눕지 않는 나무가
조국강산 푸르게 하네

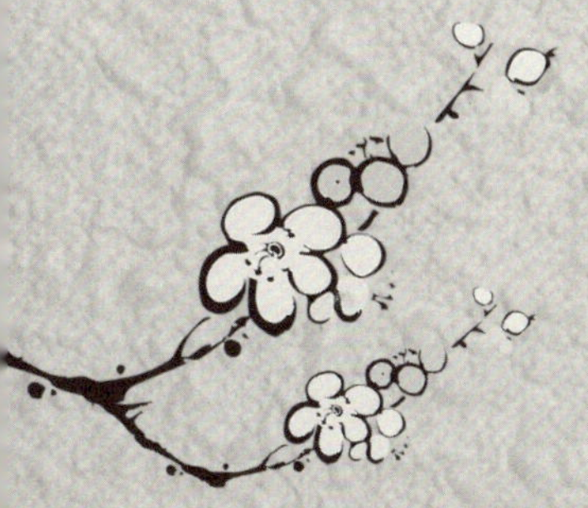

겨울밤에

겨울밤에 홀로 앉아
밤새워 시를 썼네

밖에는
눈 내리고
난 머릴 짜 시 지었는데

그것이 무슨 시냐며
눈이 자꾸 덮고 있네

쌍지매

나는 매화 좋아하고
벗님도 매화 좋아했네

벗님과 난
사후에 함께
환생하길 약속했네

한 그루 매화목에서
쌍지매로 태어나길

찻길에서

병아리 그려놓고
초보운전 차가 가네

기다란
외길에서
천천히 따라가다

성급한 내 마음에서
여유로움 싹이 텄네

새봄에

새봄에 새가 날면
새싹이 돋아나네

새 기운
새 빛 받아
새 꽃도 피어나고

새 마음 새 희망으로
새 천지 새로이 열리네

분수의 복

분에 넘친 음식 받으면
작은 복도 없어진다며

효녀 심청
아버지는
성찬 음식 받지 않았네

맹인이 뭘 아실까요만
그 말씀이 뭇 성인 말씀

인내의 복

참는 자 복이 있고
복 있는 자 고귀하네

재물복
수명복은
하늘이 지어주지만

인내의 복은 참는 자가
스스로 지어 스스로 받네

소 풍

어느 시인은 인생을
소풍이라 읊었었네

소풍 때
최고 재미는
보물찾기 놀이인데

일평생 나는 그 놀이에서
보물 한 점 찾지 못했네

꽃씨와 나

이른 봄에 꽃씨와 나
굳세게 약속했네

누가 먼저
시 짓고
누가 먼저 꽃 피울까를

봄 내내 나는 시 못 썼는데
꽃씨는 누리에 꽃 피웠네

문방오우

연필 칼 지우개 자
컴퍼스 다섯 벗이

유년 때
나를 위해
몸 닳도록 헌신했네

지우고 쓰고 긋고 깎으며
둥근 마음 그려줬네

장승포에 와서

길이길이 이어진다는
장승포 장승 고을에

복 없고
명 짧은 내가 와
스무 해 사는 동안

복줄도 길게 이어지고
명줄도 길게 이어졌네

꽃이 나에게

작은 꽃이 나에게
큰 가르침 주고 있네

성품은
향기롭게
심성은 고요롭게

몸은 또 비바람 견디며
꽂꽂이 꼿꼿이 서 있게

비의 생각

비심이 천심인데
봄에 비 자주 오네

농작물
파종 위해
농경지 적셔주며

새봄에 새 비 자주 오네
비도 생각이 있나 봐

붓글씨

황금 같은 성인 말씀
금구성언金口聖言 좋은 글을

마음 깊이
새기며
붓으로 글 썼더니

붓글씨 까만 글자에서
황금색 빛이 났네

태 양

삼복더위 여름엔
태양도 힘이 드네

아침부터
석양까지
날씨가 너무 더워

빛 없는 어둠 속으로
더위 피해 가고 있네

별

별처럼 반짝이는
별시 쓰고 싶었는데

우리 집
밤하늘에
별이 많이 떠 있네

내 시가 별 되어 저렇게
밤하늘에 떴는가 봐

바다에 산에

바다엔 진주 있고
산에는 보석 있네

섬마을
사람들 마음
진주처럼 영롱하고

산마을 사람 마음 또한
보석처럼 영롱하네

하늘과 바다

하늘 빛도 푸르고
바다 빛도 푸르네

긴 세월
하늘 바다는
마주보아 닮아 있네

임 나도 마주보며 닮아
저와 같이 푸르네

바 다

바다는 위대하네
제일 낮은 곳에서

방울물도
물리침 없이
모두 받아 품에 안는

나도 저 바다와 같이
모두 받아 안고 싶네

말

발 있는 말 천리 가고
발 없는 말도 천리 가네

발 있든
발이 없든
말은 항상 천리 가는데

그중에 좋은 말보다
안 좋은 말이 더 빨리 가네

눈싸움

나는 눈 좋아하고
벗님도 눈 좋아했네

우린 서로
눈을 보며
눈으로 눈싸움했네

벗님과 나 응시 힘으로
눈 펑펑 내리고 있었네

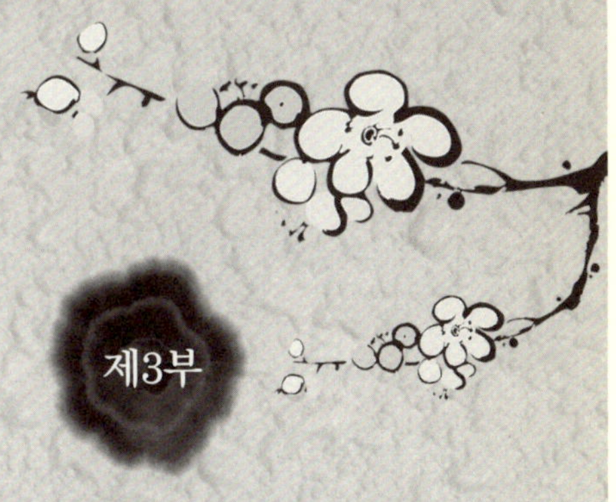

제3부

나 비

나비는 몸 가볍고
날개도 가벼웁네
나비는 발 가볍고
머리도 가벼웁네
꽃에게 무거움 안 주려고
마음조차 비웠네

나비 · 1

내 넋이 환생하면
나비로 태어나리

우리 임
외출할 때
머리에 사뿐 앉아

더한층 예뻐 보이게
나비 리본 되어 드리리

나비 · 2

나비는 말이 없네
꽃 또한 말이 없네

나비가
꽃을 찾아
꽃님에게 가는 이유

고결한 자태와 향기
말 없는 고요로움

기린이 좋아

기린이 좋아 자주
동물원에 갔었네

괴로운 일
있을 때
기린 보고 집에 오면

거룩한 길인이 찾아와
행운 듬뿍 주고 갔네

개구리

이른 봄 경칩일에
개구리 깨어났네

동서남북
둘러보며
환경이 바뀌었다고

3개월 동면 기간에
세월조차 변했다고

씨

나에게 터 있으면
올봄에 씨 심고 싶네

꽃씨 볍씨
복씨 얼씨
말씨 솜씨 글씨 아씨

좋은 씨 많이 심어 가꿔
내 삶밭에 꽃 피우고 싶네

제 비

3월 3일 삼짇날에
강남 제비 돌아왔네

우리 고향
봄 하늘에
제비들이 나는 모습

3 3 3 3 3 3 3 3
3 3 3 3 3 3 3

코끼리

코끼리는 코가 길어
명 또한 길다 하네

다리보다
코가 길고
꼬리보다 코가 기네

숨 쉬는 숨통이 길어
60 이상 산다 하네

매 미

나 유년에 시골에서
매미 소리 들었었네

이슬만
먹고사는
해맑은 매미 소리

지금도 내 귓전에서
맴맴맴 맴을 도네

진달래꽃

옛날 옛적 진달래꽃은
애틋한 사연 있었네

성씨는 진
달래 아씨는
꽃같이 아름다웠었네

못 이룬 사랑 앞에 몸 던져
꽃으로 다시 환생했네

아기 풀꽃

만물 영장 사람들은
겁쟁이 엄살쟁이

벌이 몸에
앉으면
벌벌 떨며 놀라지만

들녘에 아기 풀꽃은
미소 지어 반기네

나팔꽃

나팔꽃 활짝 폈네
내 공부방 창문 앞에

따따따
나팔 소리
언제쯤 들려주나

나의 꿈 이루었을 때
축하 나팔 불어줘요

붓 꽃

나라 궁궐 정원에
붓꽃이 피어 있네

무슨 글자
쓰려고
곱다히 피었을까

저 넓은 하늘 종이에 가득
통일 글자 쓰고 있었네

버팀목

4월 5일 식목일에
나무 많이 심으면서

흔들림
넘어짐 없도록
버팀목으로 묶어줬네

유년 때 나도 잘 묶어줬으면
바른 인재 됐을 텐데

인 생

초승달 반달 되고
반달 다시 둥근달 되고

둥근달
반달 되고
반달 다시 초생달 되고

그 사이 우리 인생은
달 없는 그믐을 맞네

감나무

결실 계절 가을에
감나무가 시를 쓰네

감동의 시
감탄의 시
천 편 만 편 주렁주렁

독자께 감흥을 주는
감홍시 시를 쓰네

줄다리기

남과 북 아이들이
줄다리기 경기했네

38선
쇠사슬 줄
양쪽에서 당겼더니

반백 년 녹슨 쇠줄이
끊어져 날아갔네

줄넘기

선생님이 아이들께
줄넘기 가르쳤네

이 세상
험난한 줄
가닥가닥 넘어갈 때

발끝에 줄 안 걸리고
사뿐사뿐 넘는 법

태극연

태극연 줄이 끊겨
하늘 높이 날아갔네

연 잃은
아이는 그날
마음이 서운했지만

밤마다 아이 꿈속에
태극별 뜨고 있었네

태극기

국경일에 태극기
집집마다 게양했네

바람에
태극 깃발
나풀나풀 나부끼며

서광의 태극 기운을
집집마다 뿜어 주었네

죽 순

대나무는 사군자
군자는 덕이 많네

군자가
많은 나라
예절이 밝은 나라

군자의 대 끊기지 않게
죽순이 올라왔네

제4부

소

할 말이 있을 텐데
무슨 말 있을 텐데
새기고 또 새기다
한마디 말이 없네
되새김 없이 불쑥 말하는 난
우공 앞에 부끄럽네

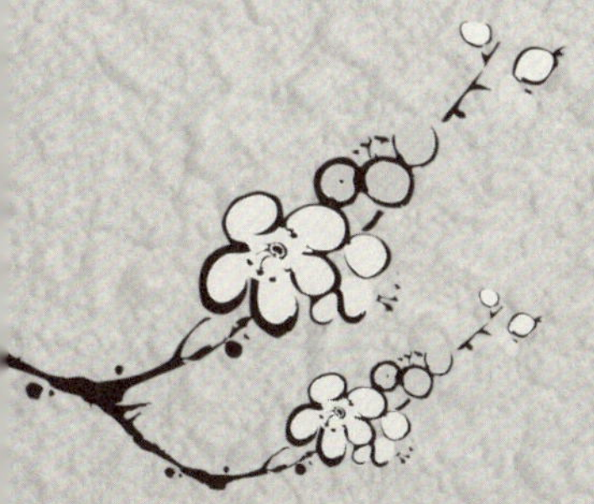

소 · 1

기축년 소해에는
우공이 주인이네

쥐 범 토끼
용 뱀 말 양
원숭이 닭 개 도야지들이

소처럼 일할 수 있게
일자리 만들어 줬으면

소 · 2

송아지 낳은 엄마 소가
입으로 자꾸 닦아주네

배 안에
품고 있다
배 밖에 출산한 뒤

다시금 눈에 넣어도
아프지 않는 내 새끼

소 · 3

송아지 태어난 날
나도 함께 태어났네

송아지와
나는 서로
닮음이 많았었네

순박한 눈이며 생각이며
아직도 서툰 몸짓이며

소 · 4

정 많았던 회장님이
북녘에 소 선물했네

조국애
품에 안고
조국통일 염원하며

육신은 떠났지만 넋은
소와 함께 살아 있네

소 · 5

송아지 떼어놓고
팔려가는 엄마 소

우엄 우엄
울면서
자꾸자꾸 돌아보네

무슨 말 소용 있으랴
우엄 우엄 울음뿐

소 · 6

소싸움에서 이기면
송아지로 상을 받네

그 송아지
키워서
소싸움에 보내는 사람

별세 후 머리에 뿔 달고
싸움소로 태어나네

소 · 7

코뿔소는 전생에
뿔 많이 냈었나 봐

성화의 뿔
시샘의 뿔
태만의 뿔 불만의 뿔

벌 받아 소로 태어나
콧등에 뿔났나 봐

소 · 8

엄마 소가 송아지에게
걱정하며 말하는 듯

네가 커서
멍에 메고
논밭 갈며 살을 텐데

내 새끼 고달파 어쩌지
힘들어서 어쩌지

8괘시 · 1
하늘 ☰ 건

하늘에 상서로운
일월성신 빛이 있네

해와 달 별
세 빛이
누리에 광명 주네

세상이 천기 받으며
길이길이 빛이 나네

8괘시 · 2

연못 ☱ 택

연못에 연꽃 폈네
홍련 청련 활짝 폈네

홍태극은
홍련이요
청태극은 청련이네

무량한 태극 꽃밭에
건이감곤 꽃씨 맺었네

8괘시 · 3
불 ☲ 화

따사로운 불이 있어
인류가 살아가네

밥 짓는
취사의 불
글 읽는 독서의 불

쇠 만든 불화로의 불
공드리는 향초의 불

8괘시 · 4
우레 ☳ 뢰

선하게 살아야지
죄 없이 살아야지

죄 있으면
자다 놀라고
시시때때 놀라지

더욱이 우레가 치면
벼락 내릴까 놀라지

8괘시 · 5

바람 ☴ 풍

바람이 불어야지
새바람 불어야지

묵은 바람
상한 바람
나라 밖에 날아가고

나날이 새 통일 열풍
뜨겁게 불어야지

8괘시 · 6

물 ☵ 수

화초목 길러주고
만생명 키워주고

목마름
적셔주고
이별 눈물 씻어주며

고귀한 사랑의 물결
끊임없이 흐르게 하네

8괘시 · 7

뫼 ☶ 산

푸른 솔 청산에서
솔바람 솔솔 부네

청산은
우리 민족
늘푸른 기상이요

송풍은 민족의 정기
늘 솟는 기백이네

8괘시 · 8

땅 ☷ 뭍

만물이 사는 땅에
무량한 기운 있네

나무와 새
곡식과 풀
동물 만물 인류들이

땅기운 받으며 베풀며
다복하게 살아가네

지우개 · 1

말이 거친 어린이가
연필로 쓴 틀린 글자를

지우개로
지우고 쓰고
또 지우고 다시 쓰고

자꾸만 바르게 쓰고부턴
말솜씨도 예뻐졌네

지우개 · 2

옛날에는 연필 머리에
지우개 붙어 있었네

나에게도
지우개 있네
깨끗이 잘 지워지는

손과 발 입이 잘못한 일
머리 지우개로 쓱쓱 지우네

산새 들새

두메산골 우리 마을
산새 들새 새가 나네

한여름에
새 날며
날갯짓할 때마다

새 바람 씽씽 불어와
온 마을이 시원하네

나 무

조국강산 나무들은
일심으로 염불하네

비가 오나
눈이 오나
한자리에 굳게 서서

조국의 푸른 산림 위하여
그저 나무 아미타불

제5부

섬에서

아름다운 거제섬을
잠시도 잊지 못해
이 섬에 사는 동안
뭍엔 가지 않았었네
사후에 한 줌 몸흙이라도
거제섬에 보태고 싶네

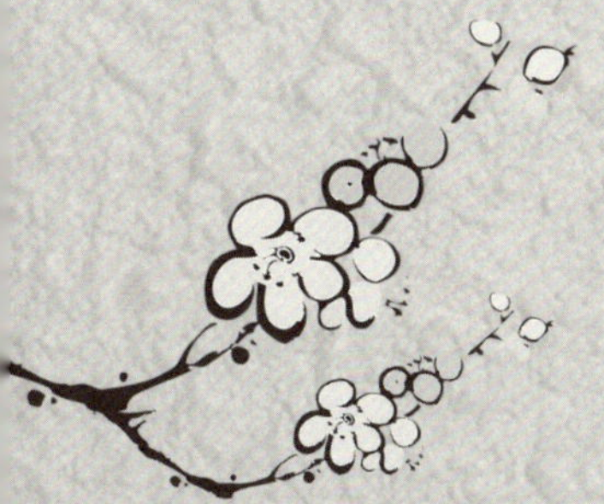

섬에서 · 1

거제도 섬에 와서
스무 해 지나갔네

강산이
두 번 변하는
기나긴 세월 동안

세상도 나도 변했지만
바다는 그대로였네

섬에서 · 2

태초에 어느 누가
이 섬을 만들었을까

바다에
섬 만들어
쓸쓸히 살았을까

쓸쓸히 살다 또 쓸쓸히
섬에 묻혀 섬 되었을까

섬에서 · 3

돌섬에는 돌 많고
바위 많아 메마르네

박토인
바위틈에도
풀이 돋고 풀꽃 피네

옥토 섬 거제에 사는 나는
저 풀꽃보다 행복하네

섬에서 · 4

큰 섬보다 작은 섬이
근해 섬보다 먼 섬이

더 쓸쓸하고
고적하여
늘 외롬에 젖어 있네

내 몸은 먼 바다에 있는
외로운 섬 작은 섬

섬에서 · 5

섬에 가서 보았네
어여쁜 섬 아씨를

섬꽃 같은
얼굴에
이슬이 맺혀 있었네

그 이슬 눈물인 듯하여
더 어여뻐 보였었네

섬에서 · 6

무인도 섬에 가서
혼자 살면 좋을 텐데

살다가
명 거두어
혼자 가면 좋을 텐데

갔다가 이 섬에 다시
혼자 오면 좋을 텐데

섬에서 · 7

외로운 섬에 와서
누가 바위 되었을까

외로움
가득 안고
바위로 굳었을까

외로움 좋아하는 나도
섬 바위로 굳고 싶네

섬에서 · 8

세상에서 제일 으뜸
아름다운 꽃이 있네

이 세상
다하도록
낙화 없고 시듦 없는

저 넓은 바다 수반에
꽂아놓은 섬꽃송이

섬에서 · 9

바다는 자애롭네
자비로운 자모처럼

파도가
일어나서
뭍을 크게 침노해도

바다는 파도를 당기며
제자리에 앉게 하네

섬에서 · 10

섬이 좋아 섬에 살고
내가 좋아 섬이 붙드네

나에게
섬 없었으면
내가 쓸쓸했을 텐데

섬에게 나 없었으면
섬이 쓸쓸했을 텐데

섬에서 · 11

등대 없는 외딴섬에
밤이 오니 어두웠네

눈 감고
사색에 든
나도 함께 어두웠네

어둠이 짙게 쌓인 섬
그 섬이 더 좋았네

섬에서 · 12

이따금 무인도에 가서
명상 시간 가져 보았네

명상 때
섬이 바다에
푹 잠기면 좋을 텐데

그러면 섬은 용궁 되고
난 용왕 되어 좋을 텐데

섬에서 · 13

하늘에서 별 흘러와
바다에 섬 되었네

작은 별은
작은 섬
큰 별은 큰 섬 되어

바다에 뜬 별과 같이
반짝반짝 빛이 나네

섬에서 · 14

섬마을에 비가 오니
섬마을이 비에 젖네

비에 젖은
섬마을
나도 함께 비에 젖네

섬과 나 마을이 온통
심해에 잠긴 듯 고요하네

섬에서 · 15

우리 임은 인자하여
심성이 바다 같으네

임은 나를
바다에 둥실
돛배로 떠 있게 하고

드넓은 바다 가운데
섬으로 남아 있게 하네

섬에서 · 16

육지에서 사는 동안
눈물이 많았던 나는

섬에 살면
눈물이 없다
생각하고 섬에 왔지만

적막이 깊어 뭍에서보다
눈물이 더 많았었네

섬에서 · 17

무인도에 봄이 오니
만물이 소생하네

섬꽃 피고
섬새 울고
섬나비 곱게 날지만

이 섬에 사람 없으니
꽃 나비들도 쓸쓸하겠네

섬에서 · 18

섬은 높이 솟아 있고
바다는 낮게 있네

섬보다
더 낮아야
아름답다는 바다는

더 위로 솟지 못하게
수평을 유지하네

섬에서 · 19

나무에 뿌리 있듯
섬에도 뿌리 있네

큰 파도
밀려와도
흔들리지 아니하게

해마다 봄에 뿌리를
바다 깊이 내리고 있네

섬에서 · 20

삼복더위 여름에는
섬이 제일 시원하네

바닷물
수면 위에
머리만 올려놓고

등 어깨 손 발 배꼽 다
물에 담궈 시원하네

제6부

고향 가는 길에서

고향에 가는 날은
선산에 먼저 가자
객지로 떠난 자손
기다렸던 선조님
얼마나 쓸쓸했을까
먼저 가서 뵈옵자

고향 가는 길에서

1.

어머니는 평생토록 곧은 길 한 번 못 걸었네
굽은 산길 굽은 들길 굽은 인생길 걷다 보니
발 굽고 등허리 굽어 운명도 굽어 있었네

2.

태초에 별 떨어져 마을 터 이루었네
개울이며 논밭이며 대자연 숲 모두가
산마을 우리 고향은 별세상 별천지네

3.

아버지는 산에 살다 산에서 별세하셨네
산과 같은 아버지 보고 싶고 그리울 때
산에서 아버지 부르면 산울림 응답하네

4.

산골에서 태어난 나 큰 인물도 아닌데
산 첩첩 나무 첩첩 우리 고향 첩첩 둘러
귀중한 내 출생지라며 첩첩으로 보호하네

5.

산골마을 우리 집 마당에 핀 민들레꽃
눈물로 꽃을 보며 말씀하신 어머니
네 운명 나와 같아서 이 산골에 와 피었구나

6.

어머니가 기르셨던 우리 집 복슬강아지
어머니 별세 후에 캉캉캉 울고 있네
저승길 알았으면 벌써 저승까지 갔을 텐데

7.
의상이 날개인데 날개 잃은 어머니는
남루한 차림으로 날개 없는 삶을 살며
한 번도 행복 세계로 날아가지 못했네

8.
우리 마을 산골에서 산골물 흘러가네
어릴 때 난 고향 떠나 갈 곳 없어 방황했는데
저 물은 갈 곳이 있나 봐 앞만 보고 가는 걸 보면

9.

달이 되고 싶다셨던 어머니는 달이 되고
달맞이꽃 되고 싶었던 난 아직 꽃이 못 되었네
오늘 밤 어머닌 달로 떴지만 난 몸채로 달을 보네

10.

산마을에 봄이 오니 꽃 피고 나비 나네
꽃 같은 자녀들이 나비같이 오려는가
자꾸만 꽃 나비 보며 기다리는 어머니

11.

고향에 다녀오면 마음이 편안하네
마을 정기 산천 정기 선산 정기 모두 받아
나날이 운수 좋아지고 몸도 더욱 강건하네

12.

어머니 가꿨던 밭 임종 후엔 묵혀 있네
밭에서 명을 잇고 밭에서 복 받았는데
어머니 밭이 살아야 내 명복 좋을 텐데

13.

산골에서 흙에 살다 흙에 묻힌 어머니는
산골 고향 못 잊어 몸은 고향흙 되었는데
그 혼은 두견새 되어 고향 밤을 새워 우네

14.

심심산골 우리 마을 산꽃처럼 피어 있었네
산꽃에서 씨 영글어 흩날린 꽃씨 한 알
숱한 해 구르다 뒹굴다 거제에서 섬꽃으로 핀 나

15.

어머니 보고 싶네 비 오는 날 보고 싶네
비에 젖어 하염없이 빗길 따라 가시더니
이제껏 아니 오시네 비 오는 날 더 보고 싶네

16.

우리 집 닭둥우리에서 병아리 깨어났네
실방울 소리 내며 엄마 닭 따르는 모습
유년에 나도 엄마를 저렇게 따랐는데

17.

어머니는 평생토록 낮에는 호미 들고
밤에는 붓을 들며 주경야학 살으셨네
호미와 붓이 세상에서 으뜸이다 하시었네

18.

내 고향 가는 길은 산이 높아 길도 높네
고향 마을 가운데 두고 높다랗게 솟은 산
저 산이 산산이 부서지면 고향길이 편할 텐데

19.

어머니 별세 후에 나비 많이 날았었네
밭에서 산길에서 들에서 마을에서
생전에 날지 못한 혼 나비 되어 날았었네

20.

이 세상 만물 가운데 소 눈이 제일 큰데
산골집 우리 소는 세상을 어찌 봤을까
아마 내 유년 때처럼 산골만 보았겠지

21.

내 고향은 사방으로 동서남북 산이 높네
산노루 산토끼도 넘기 힘든 산길이어서
세월도 우리 고향에는 수직으로 찾아오네

22.

두메산골 청산 속에 둥지 지은 어머니
나무로 얽은 둥지 새집 같은 둥지에서
산새 알 품어주듯이 나 따뜻이 품어주었네

23.

산마을 우리 누이는 눈물이 많았었네
소쩍새 밤새도록 소쩍소쩍 울음 울 때
누이는 잠 못 이루고 훌쩍훌쩍 울었었네

24.

콩 심은 데 콩 나고 팥 심은 데 팥 나듯
어느 누가 우리 어머니 이 산골에 심었을까
일평생 콩팥 심어 가꾸다 콩팥 기증하고 운명했네

25.

어머니는 논밭에서 땀에 젖어 사시었네
눈에서도 방울방울 굵은 땀 흘리면서
큰 소출 없는 논밭을 땀으로 적시었네

26.

어머니는 두메산골 도씨 집에 시집와서
도라지꽃 좋아하며 꽃과 같이 사시더니
어머니 묘소에 온통 도라지꽃 피었었네

27.

어머니는 일생 동안 사진 한 장 없었네
기념으로 남길 만한 추억 하나 없었기에
하지만 내 몸 내 얼굴 참 사진으로 남기셨네

28.

어느 분은 임 가실 때 꽃잎 뿌려줬는데
고향은 나 옴을 위해 낙엽 깔아 놓았네
가뿐히 낙엽 밟으며 사뿐히 가는 고향길

29.

두메산골 우리 마을 누가 먼저 터 잡았을까
산짐승 살던 곳에 사람이 마을 세웠네
명당 터 잡는 것 보면 짐승도 슬기롭네

30.

어머니는 꽃가마 없이 걸어서 시집왔다 하네
산꽃 들꽃 만발한 산길 들길 걸으면서
어머니 임종 때에도 꽃상여 없이 가시었네

31.

태양도 다녀가고 달님도 다녀간 뒤
숱한 별 모두 모여 밤을 새워 반짝이네
모처럼 고향에 온 나 위해 별빛축제 열고 있네

32.

보름날 밤 타향에서 고향 하늘 바라보면
고향 하늘에 달이 두 개 둥실둥실 떠 있었네
하나는 본래 달이요 또 하나는 어머니 얼굴

33.

거미줄에 걸린 나비 어머니가 살려주며
천지신명 아시도록 나비에게 빌었었네
나비님 살려준 공으로 제 아들께 명을 주어요

34.

우리 어머니 생전에 안개꽃 좋아하셨더니
오늘은 향리에 온통 안개가 자욱하였더니
그 안개 분묘 속으로 어머니가 거둬 갔더니

35.

하늘은 천복 주고 땅은 만복을 주네
이웃에겐 하늘 땅이 가까이 와 복 주었지만
어머닌 천지가 멀고 복 또한 멀리 있었네

36.

육신이 정정할 땐 높은 고개 잘 넘었는데
수족이 불편한 지금 고향 고개 넘지 못하네
멀리서 맑은 혼심만 훨훨 날아 넘어가네

37.

어머니는 사후에 새 되고 싶다 했네
산골 멀리 훨훨 날아 떠나가고 싶었지만
새 되어 산골 못 떠나 고향 하늘 날고 있네

38.

고개가 너무 높아 넘어가기 힘든 고개
세월이 흘러가면 없어질 줄 알았더니
지금도 고향에 있네 오뉴월 보릿고개

39.

고향에 가는 오늘 누가 나를 어찌 알까
산이 알까 하늘이 알까 바람 구름 누가 알까
하늘 땅 자연 만물이 환히 알겠지 환영하겠지

40.

부모님 계실 때는 고향에 온기 있더니
부모님 안 계시니 고향에 한기가 도네
우리들 세대도 지나면 어찌 될까 또 어찌 될까

41.

참나무 숲 한가운데 우리 고향 마을 있네
윗대부터 후대까지 참되게 살아가는
고향인 참맘 씨앗이 참나무 숲 이루었네

42.

에밀레 종과 같이 종 되었으면 좋을 텐데
종이 티끌 될 때까지 울고 울고 또 울어
저세상 어머니 곁에 닿았으면 좋을 텐데

43.

세상에는 길이 있어 사람들은 길을 가네
좋은 길 즐거운 길 반짝반짝 빛나는 길
내 일생 다녔던 길은 고적한 길 뿐이었네

44.

산마을 우리 고향에 매란국죽 풍성하네
빈촌에서 빈민들이 빈궁하게 살아가지만
매란과 국죽이 있어 우리 마을 군자 마을

45.

어머니는 별을 보며 지극정성 빌었었네
우리 가족 건강 위해 음식 잘 지을 수 있게
어머니 지은 음식은 별 기운 받아 별미였네

46.

산마을 우리 어머니는 꽃그림 잘 그렸었네
꽃 가운데 특별히 농작물 꽃만 그렸었네
보리꽃 벼꽃 감자꽃 고추꽃 콩꽃 호박꽃

47.

어머니 고운 심성 산짐승도 인정했네
산속에서 여우 늑대 도깨비 마주치면
아무런 해침도 없이 뒤로 슬슬 물러갔네

48.

부모님 봉양하며 고향에 살렸더니
세월 따라 운수 따라 운명도 변화하여
그 맹세 지키지 못했네 고향은 잠시 인연뿐

49.

눈이 좋아 눈 맞으며 눈 밟고 걸었더니
발자국 남기지 말고 흔적 없이 살으라며
자꾸만 눈이 내려와 발자국 덮어주네

50.

나 유년 때 시골에서 쑥 먹고 쑥쑥 자라
너무 많이 먹은 탓에 세월보다 빨리 자라
어느덧 세월 앞질러 60고개 넘어섰네

51.

나 유년에 서당에서 천자문 공부할 때
달밤에 달 바라보며 달달달 외웠었네
달달달 외웠던 나를 달도 환히 알고 있었네

52.

우리 어머니 생전에 극빈하게 사시더니
산골에서 묘터 하나 마련하지 못하더니
사후에 선산도 없이 남의 터에 묻히더니

53.

봄엔 일손 모자라고 하루해도 모자라네
모자란 손 모자란 해 보충하고 싶었지만
어머닌 논밭이 작아 손이 외려 남았었네

54.

나 어릴 때 산골에서 아버지 따라 길 걸었더니
산길 들길 논길 밭길 험난한 길 다 걸었더니
그때 길 걸으면서 튼튼히 운명의 길 다졌더니

55.

나 유년에 아버지께 농사법 배웠었네
농촌에서 농사 외에 배울 일 뭐 있으랴
아버지 일 도와드리며 따라하며 배웠었네

56.

남녘에 고향 있으면 오고 가기 쉽지만
고향이 북에 있으면 오가기 어려웁네
생각의 벽 무너지면 오가기 쉬울 텐데

57.

도회지 어머니들은 지게를 알까 모를까
두엄이랑 인축분뇨 쳐 봤을까 져 봤을까
우리 옛 어머니처럼 망자 몸에 염* 해봤을까

58.

유년 때는 고향에서 글 배우고 몸 자라더니
청년 때는 생업 따라 타지로 떠나더니
지금은 눌러앉은 그곳이 새 고향 되었더니

*염 : 염습殮襲의 준말. 망자의 몸을 깨끗이 씻고 수의를 입혀주는 일. 습렴이라고도 함.

59.

오늘은 고향에 와서 추억에 젖다 잠들었네
잠결에 귀가 열려 발자국 소리 들었었네
저승 간 우리 어머니 나 보려고 오셨나 봐

60.

산마을 우리 고향은 태산준령 산골에 있네
두메산골 첩첩산골 높은 산골 깊은 산골
태산에 골이 깊은 곳 그 산골이 우리 고향

■ **발 문** 跋文

시를 쓰고 나서

겨울밤에 오롯이 앉아
한줄 한줄 시를 썼네

눈 내리듯
시도 줄줄
내렸으면 좋았을 텐데

눈은 잘 내리지 않았고
시도 잘 내리지 않았네